Crónicas
(2012-2014)

José Diogo Madeira

ISBN-10:1496154703
ISBN-13:9781496154705

«O poder tende a corromper e o poder absoluto corrompe absolutamente, de modo que os grandes homens são quase sempre homens maus».
Sir John Dalberg-Acton

ACERCA DO AUTOR

José Diogo Madeira nasceu em Viseu, em 1970. Licenciado em Economia, foi jornalista económico entre 1993 e 2004. Fundou e dirigiu o Jornal de Negócios e o *site* homónimo. Posteriormente trabalhou em comunicação empresarial e foi administrador da Estradas de Portugal. Em 2011, iniciou uma *startup* dedicada a guias turísticos em formatos *web* e *mobile*.

PREFÁCIO

Recordo um almoço com o José Diogo Madeira, ali para os lados do bairro lisboeta de Santos, próximo do local onde ele e uma equipa de meia dúzia de jornalistas de economia faziam o Negócios *online* dar os primeiros passos. Recordo, dessa conversa, o meu cepticismo sobre duas questões. A primeira era ver jornalistas encarregues da gestão da empresa. A segunda era a viabilidade de um projecto editorial que nascia "ao contrário", da internet para o papel, em vez do caminho tradicional que naquele tempo levava jornais já afirmados no mercado a estenderem a sua marca ao novo mundo virtual, tantas vezes sem saberem como nem para quê. Estávamos então no final dos anos 90 e hoje sabemos que o Diogo estava duas vezes certo e eu duas vezes errado. Ele viu antes dos outros, percebeu antes dos outros. Mais importante: fez antes dos outros. E fez com competência. Numa sociedade relativamente fértil em "treinadores de bancada", assumiu o risco e seguiu a máxima da coerência: "put your money where your mouth is". Depois disso, já o fez uma e outra vez, lançando projectos inovadores, fazendo empresas, criando postos de trabalho, gerando riqueza, traçando o seu próprio destino em vez de ficar à espera que ele aconteça, exercendo plenamente a liberdade menos valorizada no país: a liberdade económica.

Ironicamente, as crónicas do José Diogo Madeira, que este livro reúne, falam-nos de um país aprisionado, sob tutela, a viver os anos de chumbo da intervenção externa e da austeridade e do sobressalto económico, político e social que elas provocam. Muitos dos dilemas e dos debates deste tempo estão aqui retratados. Mas enganam-se todos aqueles que confundirem liberdade com liberalismo para concluir, apressadamente, que sendo empreendedor com *curriculum*, o autor tende a desprezar o Estado e a considerar descartável a sua função social. Pelo contrário. O que se encontra é uma forte autonomia e liberdade de pensamento, que não é catalogável em nenhuma das tradicionais chaves de classificação que opõem a direita à esquerda, a iniciativa individual à responsabilidade dos agentes públicos, a existência de um Estado Social à reforma desse mesmo Estado. É esse sentido de equilíbrio e honestidade intelectual, frequentemente ausentes do comentário público por razões meramente "clubísticas", que encontramos nas próximas páginas e que nos conduzem ao saudável exercício de questionar dogmas ideológicos, tantas vezes absurdos por nos aprisionarem. E todo o tempo em que alguém nos obriga a pensar é tempo bem empregue.

Paulo Ferreira, jornalista

INTRODUÇÃO

Em Abril de 2012, decidi surpreender o José Diogo Madeira. À beira-Tejo, num inusitado restaurante mexicano que tem a *margarita* como principal razão para uma visita, convidei-o para escrever no i uma coluna semanal de 1.500 caracteres. Não me esqueci da sua cara de sincera surpresa, mas também de imediato entusiasmo. Sabia que ele ainda tinha o bichinho do jornalismo, como tinha a certeza que o pensamento do Diogo tem muito a ver com a matriz original do projecto do i. As ideias que tem veiculado neste ano e meio de colaboração com o jornal fazem-me lembrar a Sociedade Fabiana - movimento criado no final do século XIX e que associou a tradição liberal inglesa aos valores do que se veio a designar mais tarde de socialismo democrático.

O Diogo acredita na iniciativa privada – não fosse ele um empreendedor de reconhecido mérito – e na democracia constitucional, mas vê a luta contra o desemprego e o empobrecimento forçado do país como preocupações centrais do que deve ser a acção política no presente. Como bom *fabiano*, o Diogo tem defendido a Escola Pública, o Serviço Nacional de Saúde e a Segurança Social como instrumentos essenciais do Estado para fomentar a prosperidade económica e combater a desigualdade social. Ao mesmo tempo que confia num alargamento das privatizações a sectores tidos como inexpugnáveis pela esquerda, reconhece que a situação financeira do país obriga a uma reforma do Estado e alerta para a desregulação selvagem do sector financeiro. Diogo defende o capitalismo, mas quer corrigir as suas falhas e injustiças.

A renovação do sistema político talvez seja a mensagem mais forte e persistente dos seus textos. Se os *fabianos* incentivaram a classe trabalhadora inglesa a participar nas mudanças políticas do final do século XIX, também o Diogo tem defendido que o rotativismo do PS e do PSD só terminará com um maior envolvimento dos cidadãos na vida política da comunidade. A corrupção, o tráfico de influência, o abuso de poder e a ausência de responsabilização de quem gere mal o dinheiro público explicam o afastamento dos portugueses da acção política, mas são igualmente boas razões para tentar influenciar uma mudança do sistema. Aliás, a existência desses problemas transformaram a participação dos cidadãos num imperativo político. O poder não só corrompe, como o seu uso deriva naturalmente para o abuso. Daí a necessidade dos cidadãos defenderem intransigentemente a liberdade, participando activamente no escrutínio do exercício do poder e desconfiando do respectivo detentor. Só assim a democracia constitucional poderá sobreviver, porque sem a participação dos cidadãos não existe democracia.

Luis Rosa, director-adjunto do jornal i

UMAS PALAVRAS PRÉVIAS

Comecei a escrever para jornais muito cedo. Por volta dos dez anos, peguei na máquina de escrever da minha mãe e criei as minhas próprias publicações – meia dúzia de jornaizinhos que incluíam um resumo dos acontecimentos da semana e algumas *tiras* de banda desenhada. Pagava o custo da impressão (uma dúzia de fotocópias) com a venda de uns quantos exemplares, entre os adultos que apanhava mais a jeito. Claro que foi uma experiência juvenil e só mais tarde, quando terminava o curso de Economia, é que voltei a pensar em jornais. E isso foi porque arranjei um *part-time* que me permitia passar as tardes no Diário Económico, enquanto finalizava a licenciatura. Depois seguiram-se passagens por vários jornais e revistas, até que em 1997 participei no lançamento do Negócios, publicação que se dividia entre o formato papel e uma então inovadora edição *online*. Aqui cruzei o meu gosto pela escrita com o empreendedorismo, palavra que só entrou no léxico português uma dezena de anos depois. Enquanto primeiro director deste meio, desenvolvi o gosto pela escrita deste tipo de crónicas. E faço-o ainda porque gosto naturalmente de escrever, mas também porque é um palco privilegiado para fazer intervenção pública.

Como perceberão pelas próximas páginas, acredito que Portugal se deixou bloquear numa economia que é tutelada por meia dúzia de famílias (no sentido lato e estrito do termo), que por sua vez dominam a política através de ligações promíscuas com os partidos do arco do poder. A restante esquerda, prisioneira do estranho paradoxo do não faz nem deixa fazer, não ousa passar do discurso contestatário para o exercício do poder. Vivemos assim num sistema rotativo que é dominado pelo PSD e PS e que não sai intencionalmente da cepa torta. Prisioneiros desta falsa democracia, os portugueses deixaram-se empobrecer ao longo das últimas décadas, permitindo que, ao mesmo tempo, uma casta de *boas famílias* e meia dúzia de corruptos (ligados ao PSD e ao PS) tenham aumentado desproporcionada e desavergonhadamente as suas fortunas. Não vale a pena exemplificar, porque todos conhecemos os casos de corrupção e roubo que depauperaram o património público em milhões de euros.

Descrente desta democracia manietada, estou convencido que só a participação empenhada dos cidadãos na vida cívica desobstruirá Portugal e dará azo a um país mais inclusivo, onde o poder político esteja de facto nas mãos de todos e onde se estreitem as cada vez mais gritantes desigualdades económicas e sociais. Não me têm, por isso, faltado temas para escrever. Espero que os resultados, para além de sustentarem os meus pontos de vistas, sejam do agrado dos leitores. Agradeço ao jornal i que, desde há dois anos, me concede semanalmente este tempo de antena. E à minha família, que me suporta e ajuda neste (e noutros) projecto, o meu obrigado!

Março de 2014

KAPUT!

Esta foi a semana em que Espanha caiu, a Itália vacilou e a Alemanha se financiou a menos que zero. A sobrevivência do euro tende cada vez mais para o nada. O fosso entre o norte e o sul é agora um exercício de espargata sem retorno. A moeda única acaba porque foi mal pensada e pior ainda executada. Um alemão e um português são coisas muito diferentes. Basta observar, em Berlim, como eles enfrentam a luz vermelha de um semáforo para peões. Ali, todos esperam com disciplina pela luz verde, mesmo que não haja nenhum veículo ao alcance da vista. Aqui, todos se atiram para o outro lado da rua, mesmo com uma boa quantidade de aceleras pelas imediações. Nem há justificação para passadeiras nas ruas portuguesas, se toda a gente atravessa quando dá mais jeito e os automobilistas só param quando acham que sim. Enquanto no norte, a regra colectiva (o vermelho é para parar) se impõe ao interesse individual (chegar depressa), aqui o interesse de cada um arrasa todas as possíveis convenções sociais. O salve-se quem puder é a antítese de como no norte da Europa se vive em sociedade. Aí, quem não cumpre a regra é excluído. E o que eles estão a fazer aos países do sul é isso. Quem não cumpriu as regras instituídas (no caso, rigor orçamental, saneamento dos défices e um certo pudor na vida pública), vai borda fora. Claro que um alemão quer excluir do euro os povos que não respeitam as regras comuns. Claro que um português só podia estar a contar com uma ajuda providencial, aquela palavrinha no momento certo, para sobreviver dentro do euro. Misturar duas cabeças tão diferentes debaixo de um mesmo chapéu, só podia dar raia.

15 de Junho de 2012

ESPERANÇAS

Tenho a sorte de trabalhar num prédio que alberga dezenas de *startups*, empresas tecnológicas criadas por jovens (e menos jovens) que, por gosto pessoal, criaram produtos e serviços novos, suportados por plataformas *web* e *mobile* mais ou menos revolucionárias. Tudo gente desenrascada, inspirada e conhecedora dos melhores exemplos internacionais e que luta (com uma confrangedora escassez de meios) todos os dias pela sobrevivência dos seus projectos empresariais. Aqui, neste prédio da rua Augusta baptizado como Startup Lisboa, estão os melhores exemplos da capacidade empreendedora nacional. É uma incubadora que hospeda em cada sala a génese de uma grande ideia de negócio e potencialmente de uma grande companhia. Ao longo dos últimos meses, fui conhecendo estes empreendedores, as suas ambições e dificuldades. Vejo gente sem receber salários, há meses, em sacrifício pela oportunidade de montar uma empresa. Vejo gente que vai almoçar às cantinas universitárias, porque a gestão das finanças pessoais assim obriga. Vejo gente que lê tudo o que aparece nas notícias sobre gestão e inovação empresarial. Vejo gente que imagina fórmulas ousadas de internacionalizar (exportar) o que aqui faz. Vejo gente que é desconsiderada pelo ecossistema de financiamento de empresas em *early stage*. E vejo grandes ideias e excelentes oportunidades de negócio que nunca o serão, apenas porque capital de risco sem risco não existe. Vejo um país sem futuro, porque por mais que seja a boa vontade e o talento, ninguém monta um negócio sem capital para arrancar. Satisfeito com o país que aqui encontro, desiludido por ver o mesmo país a passar ao lado do melhor que ele tem.

20 de Julho de 2012

THERE'S NO OTHER WAY

Nos jogos olímpicos de Sydney 2000, a Espanha perdeu uma medalha de ouro poucos meses depois do final da prova, quando se descobriu que 10 dos 12 basquetebolistas da sua equipa paraolímpica tinham simulado ser deficientes. Pequenas e grandes mentiras, quem nunca pecou que atire o primeiro calhau. Isto a propósito da sanha com que o Governo investiu contra as fundações que por aí populam. Talvez existam excepções que contrariem esta percepção, mas a generalidade destas *instituições* serve para duas coisas: alimentar dirigentes e burocratas que não produzem (gastar dinheiro dos outros em inutilidades é uma actividade sem mérito) e isentar fiscalmente operações financeiras, imobiliário e veículos automóveis. Sem o dinheiro fácil dos contribuintes, muitas delas terão de reduzir pessoal e deixar de encomendar bugigangas variadas a fornecedores de todo o tipo e artistas de qualidade discutível. Mas, se o que queremos é um país que produza e não viva de consecutivos empréstimos do exterior, não há outro caminho. O mesmo se aplica à generalidade da administração pública (a central e particularmente as regionais e locais). Cada euro que é aspirado por essa máquina trituradora, tem 60% de probabilidade de ser dinheiro queimado. Notem que, no segundo trimestre do ano, a economia portuguesa continuou a ajustar muito rapidamente (+6,8% de exportações, -8,3% nas importações). Isto por mérito do sector privado (empresas que exportam mais e famílias que consomem menos). Agora é a vez do sector público ser saudavelmente espremido. Reduzir despesa deve ser a obsessão saudável de todos os portugueses por umas décadas. Particularmente daqueles que gerem o dinheiro alheio, que é como quem diz o nosso.

10 de Agosto de 2012

FOSTE

A verdade é que, na última semana, o governo gerou uma ampla coligação de gente enervada com o mais recente pacote de austeridade. Podíamos discutir os efeitos das medidas anunciadas, mas não é preciso. Da esquerda à direita, passando pela própria troika, já muitos explicaram os vícios de que a coisa padece. O senhor ministro das Finanças foi sucessivamente desautorizado por colegas partidários, eminências académicas e empresários insuspeitos de esquerdismo primário. Estou em crer que, mais dia, menos dia, colocará o seu lugar à disposição e ingressará num distante retiro espiritual, provavelmente numa qualquer burocracia europeia. Duvido também que as suas propostas sejam, alguma vez, transformadas em letra de lei. O Tribunal Constitucional, a presidência da República, a pressão das elites e a contestação popular tratarão de evitar a catástrofe de proporções geracionais. Com sorte, o assunto acabará como nota de rodapé, num futuro manual de ciência política ou económica e exemplificando uma governação estuporada. A ferida que ficou aberta é, no entanto, mais difícil de resolver. Um país falido, precisa de muita energia anímica para sair do buraco. Se as pessoas não acreditarem que a austeridade e o sacrifício (que não deixaram de ser necessários) só provocam sofrimento e angústias, acabarão por desistir. Uns emigrarão, outros optarão pela informalidade económica (deixando de pagar impostos, taxas e multas) e outros acabarão a partir carros e montras pelas ruas. Em democracia, não se pode governar contra o povo. Para conseguir consertar Portugal, implementando as imprescindíveis medidas (cortes na despesa pública, redução dos órgãos autárquicos e institutos públicos, privatização das empresas públicas privilegiadas) é essencial o apoio de uma maioria social. O primeiro-ministro esticou a corda para lá do delicado ponto de equilíbrio e vai levar com o seu ricochete na cara. Temos pena. Mas o governo da nação não é para impreparados (na ajuizada expressão do senador Marcelo).

4 de Setembro de 2012

RESSACA

O povo confirmou, desfilando ordeiramente pelas ruas do país, que é sereno. Mas a vida continua e a dívida também. Que não subsistam ilusões – com ou sem TSU, os próximos anos serão ainda mais difíceis para os portugueses. Perdidos mais dezoito meses desde as legislativas (o governo pretende apresentar um estudo dedicado à redução da despesa pública apenas em 2014), a consolidação orçamental continua baseada em malabarismos (agora a concessão de algumas empresas públicas pode acelerar as receitas até ao final deste ano) e no aumento da carga fiscal até a exaustão (quanto mais sobem as taxas, menor é a sua receita). Austeridade, austeridade, austeridade é o *mantra* deste poder político. Havendo alternativas, esta é a fórmula escolhida pelo PSD, motivada por crenças ideológicas que escapam à generalidade dos mortais. Desorientados, os portugueses manifestam-se contra a troika, descrentes da democracia e dos partidos (especialmente os do arco governamental). É provável que, ultrapassados os arrufos entre PSD e CDS, o governo continue a governar e que ao longo dos próximos meses se intensifiquem também os movimentos sociais anti-austeridade, incentivados pela escassez crescente de empregos e dinheiro. Esquerda e direita vão radicalizar-se, ricos e pobres vão confrontar-se, desesperados e *establishment* vão ameaçar-se. A frustação pode, um dia, ser o rastilho que pega fogo. Já sabemos que os portugueses são um povo simpático e acanhado, bem ao contrário dos selvagens gregos e espanhóis. Mas se, por estes dias, toda a gente parece ressacar dos estonteantes acontecimentos da semana passada, os próximos meses podem ser mais quentes. Um dia, alguém se enerva, prega uma estalada num polícia e acabou-se a serenidade. É que a procissão desta crise ainda agora está a sair do adro.

21 de Setembro de 2012

HISTÓRIAS

Em 1640, Portugal agonizava às mãos da coroa espanhola. A mando do rei castelhano Filipe IV, a duquesa de Mântua (vice-rainha de Portugal) exercia o poder através de Miguel de Vasconcelos, o primeiro-ministro português. Desagradado com a submissão do chefe do governo aos interesses estrangeiros e a crescente carga fiscal, um dia, o povo juntou-se no Terreiro do Paço, invadiu o paço real à procura do "traidor" e acabou por encontrá-lo escondido num armário. Toda a gente sabe que a história acaba com o Vasconcelos defenestrado e a consequente restauração da independência. Lembrei-me do episódio porque ele antecipa (nos curiosos movimentos circulares da história) o destino de Pedro Passos Coelho. Não atirado por uma janela de São Bento, mas desprestigiado por uma inevitável e inglória saída de cena. Mas a restauração de 1640 não foi uma simples mudança na liderança do governo. Foi uma violenta ruptura que devolveu a independência a Portugal e até inaugurou uma nova dinastia régia. Mais de 370 anos depois, o sistema político está podre, a economia falida, o povo desalentado e o país sem futuro. Não sairemos daqui sem um corte com o pingue-pongue entre PS e PSD. Se estamos onde estamos, é porque estes dois partidos foram, há muito, capturados por interesses e personagens sinistras. A sua capacidade de auto-renovação esgotou-se e com isso destinou-se o fim deste ciclo. Portugal precisa de limpar o regime político e construir um crescimento económico sustentável, ultrapassando o ciclo vicioso austeridade-desemprego-austeridade. O povo já começou a gritar nas ruas, os heróis surgirão em breve.

28 de Setembro de 2012

TRABALHO E CAPITAL

No mesmo sábado em que, no Terreiro do Paço, a CGPT vociferava contra o capital, António Borges insultava os empresários a partir do Algarve. A crise multiplica os imbecis. Do buraco onde estamos, não sairemos uns contra os outros. Mas a história ensina que as seitas prosperam na miséria. Até a insuspeita Cuba se tem aberto às virtudes da iniciativa privada. Para onde olharão agora os cantantes da Internacional, quando perscrutam o horizonte? Mas do lado oposto, quem acreditará verdadeiramente que o empobrecimento generalizado é a mola do desenvolvimento económico? Estes tribunos que nos encantam com os seus discursos visionários, estão dominados apenas pelas suas agendas pessoais. Uns querem mais poder, outros melhores empregos, outros engordar saldos bancários. Afinal, o que fizeram na vida estes sindicalistas, estes académicos e estes burocratas internacionais? Não há um que tenha inventado um produto inédito, escrito um livro aclamado, fundado uma associação prestigiada. De camisa aberta ou gravata de seda, de Fiat ou Audi, pobres ou ricos, são estas as nulidades que nos trouxeram até aqui. Esta crise tem muitos responsáveis, mas estes não são a sua solução, são exactamente o nosso problema. A questão portuguesa não é o trabalho contra o capital. Um precisa irremediavelmente do outro. Se há um projecto para combater a pobreza e voltar ao crescimento, ele implicará sempre um grande concertação social, a médio e longo-prazo, que defina uma estratégia onde todos encaixam. Este é o tempo de deixar de lado a agenda pequenina de cada igreja e de sentar todos à mesma mesa. Os portugueses precisam de uma estratégia poderosa e mobilizadora para o crescimento económico, para o progresso social, para o aprofundamento da democracia. Não julguem que o vão conseguir com palavras de ordem terroristas ou *soundbytes* desajeitados.

5 de Outubro de 2012

OS POBREZINHOS

A caridade é a virtude cristã que transforma esmolas em boleias para o reino dos céus. Quando a senhora Jonet resolveu pregar os seus destemperados conselhos de economia familiar, a esquerda revolucionária caiu-lhe em cima como sete cães a um osso. Os marxistas precisam dos pobres para fazerem triunfar as suas revoluções populares. Sem os miseráveis, que já nada têm a perder, onde mobilizar as massas que ocuparão temerariamente as ruas das cidades, no advento de um admirável mundo novo? Um pobre remediado, um pobre de barriga cheia, é menos uma espingarda humana para a revolução iminente. Foi isso que a esquerda revolucionária quis dizer à senhora Jonet. Que se deixasse da sua caridade, porque ela é um obstáculo táctico ao grande exército de esfarrapados e famintos que já se levantam das suas barracas, para tomar o poder nas suas mãos. Também é verdade que o fascismo, que ocupou a vida dos portugueses entre as décadas de 30 a 60 do século passado, se entretinha a fazer apologia do pobrezinho, mas honrado. A ideologia oficial remetia as mulheres para as lides das casas, deixando os poucos empregos que tinham sobrado da terrível depressão de 1928 para os homens (os chefes de família). As senhoras eram formatadas, em todas as oportunidades, para encararem com alegria o seu papel de dedicadas donas de casas, aprendendo a gerir os poucos tostões que cabiam a cada agregado familiar. É, sem dúvida, uma profecia sobre o que nos espera nas próximas décadas. Mas, nem estas achegas sociológicas, chegam para salvar a senhora Jonet do seu pecado original. O seu prestimoso serviço à frente da banco alimentar, que ninguém pode negar, nada tem que ver com o combate à pobreza. A redistribuição de alimentos, por mais sofisticada que seja a logística associada, serve apenas para mitigar a fome. É como curar uma doença grave, com aspirinas. Alivia a dor, mas não elimina o problema. A pobreza em Portugal, a pobreza das famílias que não têm que comer e a dos velhos com reformas de miséria, já era assunto sério. Dentro de um ou dois anos, com um milhão de desempregados a deambular (e incendiar) pelas ruas, será o primeiro tema da agenda social, económica e política. E não julguem que se vai resolver com caridade. Nem a da senhora Jonet, nem a da senhora Merkel. Vai ser preciso chamar, de novo, o general Marshall.

16 de Novembro de 2012

OS BOCHES

O Deutsche Bank é acusado de esconder 9,2 mil milhões de euros em dívidas durante a crise financeira, para evitar um resgate pelo governo alemão. O estado alemão da Renânia do Norte-Vestefália encontrou um novo método de combater a evasão fiscal: paga aos empregados bancários helvéticos para que estes entreguem os alemães que recorrem à Suíça para não pagar impostos. São notícias recentes que mostram a face perversa da Alemanha – um país corrupto e onde vale tudo. Recordem-se que os alemães compraram também decisores gregos para que estes adquirissem quatro submarinos germânicos, no ano 2000. A Alemanha foi sempre o foco das perturbações políticas, económicas e militares que arrasaram a Europa. Isso seriam águas passadas, se esses comportamentos fossem mitigados por uma postura institucional que transformasse a unificação europeia num processo equilibrado, em que o centro desse a mão às periferias. Acontece que a Alemanha transformou, inteligentemente, a integração europeia numa oportunidade de negócio. Ajudou a desmantelar os sectores produtivos de países como Portugal, compensando-os com fundos que serviram para comprar mais bens e serviços aos alemães. Tudo o que deu com uma mão, levou com a outra. Conseguiu assim manter a sua dinâmica económica e um desemprego baixo. É evidente que esta "construção europeia" é apenas um metáfora para iludir tolos. Seria útil que os europeus do sul se coligassem e procurassem no Reino Unido um aliado para um novo modelo de Europa. A história repete-se.

7 de Dezembro de 2012

OS MERCADOS

O governo faz bem em comemorar o regresso de Portugal aos mercados financeiros internacionais. Porque, de resto, não tem mais nada para celebrar. A dívida pública atingiu os 120% do PIB, a economia continua a encolher e o desemprego continua a sua progressão até aos 20%. E apenas o facto do BCE garantir esta emissão de dívida, é que suportou o seu sucesso. Caso contrário, nenhuma cabeça esclarecida estaria confiante na probabilidade da República Portuguesa reembolsar na íntegra e com juros o capital que agora conseguiu emprestado. De que serve a um apostador de roleta ter acesso a novas linhas de crédito, se todas as vezes que se senta na mesa de jogo é para perder? Portugal não precisa apenas de voltar aos mercados, Portugal precisa de voltar ao crescimento económico. Sem empresas prósperas, sem trabalhadores bem remunerados, sem uma fiscalidade suportável, sem a reforma da despesa pública, para quê ter acesso aos mercados? Apenas para continuar na vertigem da espiral do crédito, que sem economia em expansão que a suporte, acabará por estoirar um dia. Dito isto, o ministro Gaspar está de parabéns: conseguiu controlar o défice, assinou a reentrada nos mercados, ajudou a descongestionar as necessidades financeiras das grandes empresas e bancos portugueses. Mas agora é preciso que o ministro Álvaro dance a sua música. É tempo de virar a página à austeridade (que só provoca mais contracção económica) e apostar em estímulos económicos. Exportar, exportar, exportar, empregar, empregar, empregar e racionalizar o Estado. Sem isto, por muito acesso que tenhamos agora aos mercados, a bancarrota continuará inevitável.

25 de Janeiro de 2013

O QUARTO MANDATO

Em Outubro do ano passado, a Lusa citava Luís Marques Guedes para explicar que, quando a lei das limitações dos mandatos (depois de três eleições consecutivas, um autarca fica impedido de se recandidatar) foi negociada entre PSD e o PS, o seu objectivo era limitar o caciquismo local, mas que *propositadamente* deixou aberta a possibilidade destes caciques se candidataram em outro qualquer concelho. Citando o actual secretário de Estado, "a lei de limitação de mandatos, aprovada em 2005, foi um dossiê negociado directamente pelo doutor Marques Mendes e pelo engenheiro Sócrates"(na altura presidente do PSD e secretário-geral do PS e primeiro-ministro). "Eu e o doutor Alberto Martins, que éramos os líderes parlamentares do PSD e do PS, acompanhámos essa negociação política e recebemos depois orientações claras sobre o que devia ser posto na lei". Ainda assim a lei foi escrita de forma dúbia e obrigou a uma interpretação por parte da Comissão Nacional de Eleições que, em 22 de Novembro de 2012, deliberou que ela estipula que o presidente de uma autarquia não pode cumprir mais de três mandatos consecutivos, mas apenas na mesma autarquia. Esta deliberação resultou da maioria (não unanimidade) dos seus membros. A CNE é composta por um presidente indicado pelo Conselho Superior de Magistratura, cidadãos designados pela Assembleia da República (propostos pelos grupos parlamentares) e técnicos designados pelos ministérios da Administração Interna, Negócios Estrangeiros e Comunicação Social (por sua vez, nas mãos dos partidos no governo). Moral da história? Os partidos políticos fecharam o círculo para porem e disporem da "democracia" como lhes é mais conveniente. E, no meio destas negociações, interpretações e necessidades de empregar o pessoal partidário, despresitgia-se o poder local (que já parece o mundo do futebol, com as suas transferências de jogadores entre clubes), afastam-se os cidadãos e pervertem-se os princípios da renovação e da higiene na vida pública. Não é bom de ver.

1 de Fevereiro de 2013

O GRILLO

E, de novo, Roma parece o centro do mundo. Enquanto o sumo pontífice se despede e se prepara a eleição de um novo Papa, os italianos foram às urnas punir o *establishment* e catapultar o movimento participativo de Beppe Grillo. O fundador do movimento 5 Estrelas é um ex-comediante, que depois de afrontar o sistema partidário italiano nos palcos, montou uma organização política pela Net, para permitir a participação de milhares de italianos na vida do seu país. O resultado está aí: as listas patrocinadas pelo eixo Berlim-Bruxelas ficaram com 10% dos votos e a coligação de centro-esquerda não se destacou da coligação de centro-direita. Os anónimos alcançaram 25%. Face a isto, os políticos do sistema atacam Grillo de forma bacoca: chamam-lhe palhaço. Naturalmente, que o 5 Estrelas não é um novo sol da Terra e que enfrentará as suas dificuldades e constrangimentos. Mas é, pelo menos, uma tentativa genuína de permitir a livre participação de cidadãos na vida política do país, utilizando a Net para escolher os seus candidatos e para discutir e decidir questões políticas. Se nos últimos anos verificámos que a Internet é um instrumento de desintermediação financeira (quantas vezes deixámos de ir ao banco para fazer operações *online*), de desintermediação de informação (quantos jornais deixámos de ler em papel para os consultar na *web*), de desintermediação comercial (quantos livros deixámos de comprar nas livrarias para os encomendarmos no catálogo da Amazon), porquê não podemos imaginar uma evolução do sistema político, para um modelo em que os cidadãos encostem os partidos para o lado e decidam, com mais facilidade, questões políticas também pela Net? Utópico? Perigoso? We shall see.

1 de Março de 2013

PARVOS

Hugo Chávez morreu. Era um populista com dinheiro, ajudou os venezuelanos mais pobres com as receitas do petróleo, enquanto cultivava o culto da sua personalidade. De todos os populistas do mundo, dos que menos gosto são os que têm dinheiro – parece sempre que são pessoas razoáveis. Afinal têm apenas mais meios à mão, para disfarçar a arrogância e a incapacidade de gerar verdadeira riqueza. Se alguém retirasse o petróleo à Venezuela, o seu povo morreria à fome em poucos meses. Aqui em Portugal, temos um governo ao contrário – sem massa e sem popularidade. O primeiro-ministro diz que o bom modelo de desenvolvimento económico é o de descer os salários, que isso ajuda a combater o desemprego. Não admira que o governo bata recordes sucessivos de impopularidade, mas isso é uma coisa proporcional à sua estupidez. O salário mínimo ronda os 500 euros por mês, o que não serve para ninguém viver com dignidade mínima. Se o projecto do Governo é transformar o país num oásis de mão-de-obra barata, para competir com os têxteis do Bangladesh e das ilhas Maurícias, tenho uma má novidade para lhes dar: na Europa, ninguém trabalha por tão pouco (e lembrem-se que 500 euros serviriam para muito mais no Bangladesh do que cá) e, à primeira oportunidade, encher-se-ão camionetas de novos e velhos para escapar à miséria, rumo à Europa *civilizada*. No outro dia, dizia alguém na televisão que este dois de Março tinha tido muito mais velhos do que novos e que estes se pareciam ter eclipsado desta manifestação de indignados. Pois eu digo-vos onde os jovens andam agora: na Alemanha, na Suíça, na Inglaterra e por Angola e Moçambique. As pessoas não são parvas.

8 de Março de 2013

O EMPURRADO

Um rapaz verborreico foi nomeado representante diplomático do ministro Relvas. Portugal desatou a rir, porque o moço fala num crioulo que mistura o jargão anglo-saxónico dos negócios com o sotaque minhoto e usa camisas pirosas. Para aperfeiçoar a pintura, a vedeta lembrou-se de sugerir o financiamento pipoca do ensino superior, enquanto dizia não saber responder a questões políticas, porque está apenas focado em "empurrar pessoas". Rir é o melhor remédio, já anunciavam as Selecções do Reader's Digest. Mas convém descontar um minuto à gargalhada, quando o tema é importante. Quase metade dos jovens portugueses (até aos 24 anos) não tem trabalho. E não arranjam emprego, porque não os há (de resto, nem para novos, nem para velhos). O resultado é uma forte corrente emigratória, que só não tem paralelo com os anos 60 do século passado, porque nessa altura quem partia era mão-de-obra desqualificada, que passava a fronteira a salto, para fugir à fome e à guerra colonial. Agora são engenheiros, arquitectos, economistas, gestores, professores que saem às dezenas de milhar. Até pode ser que isso ajude a descomprimir o mercado de trabalho no curto prazo e provavelmente daí resultarão remessas financeiras que ajudarão as famílias dos que fogem daqui. Mas quem projectar o futuro de Portugal, verá um país com uma pirâmide etária invertida (muitos velhos, poucas crianças), um sistema de segurança social falido (muitos pensionistas, poucos contribuintes) e uma diminuta renovação empresarial (as melhores cabeças são as primeiras a encontrar trabalho no estrangeiro). Quando a contratação de um *entertainer* é a resposta do governo ao problema do desemprego jovem, já não sobra futuro à nação.

5 de Abril de 2013

ESCOMBROS

Ninguém sabe ao certo, mas o terramoto que arrasou Lisboa em 1755, causou perdas avaliadas em uns 40% do PIB de então. O terrível evento também permitiu a entrada em cena do Marquês de Pombal, que tratou de, rapidamente, "enterrar os mortos, cuidar dos vivos e fechar os portos". Mas a desgraça de 1755 concedeu também ao *partido* reformista de Pombal, a oportunidade de ganhar o poder político e executar um grande número de reformas: a redução da influência da Igreja e da nobreza, o combate aos interesses britânicos, a introdução de políticas mercantilistas, o estímulo à produção industrial e uma reforma administrativa. Foi o tempo do déspota esclarecido, que impunha à força o progresso e as novidades do Iluminismo sobre uma sociedade que, em muitos aspectos, ainda se mantinha medieval. Ora, tudo isto – a grande catástrofe e a imposição "justificada" de um plano de "reformas" – parece encaixar bem com o momento contemporâneo. Não temos aí um grupo político que tenta impor a sua agenda *reformista* sobre toda a sociedade, acreditando que esta *modernização* forçada acabará por ser benévola? Mas, se este Governo tem já os dias contados (no máximo, dois anos até às próximas legislativas), era importante que o país (ou o país que não acredita em salvações luminosas) preparasse uma agenda pós-Passos. Um plano orientado para a sustentabilidade financeira (orçamento público e segurança social equilibrados), para o crescimento económico e demográfico (não há um sem o outro), para a competitividade económica, para a justiça e educação, etc. Mas isso só será possível se, assunto a assunto, tema a tema, a sociedade se mobilizar para projectos agregadores, previamente discutidos e assumidos, numa espécie de grande contrato social para a reconstrução nacional. Ou então, vamos continuar ainda de déspota em déspota, até à derrota final.

17 de Maio de 2013

AUTÁRQUICAS

Enquanto alguns candidatos às próximas eleições autárquicas se esmeram em esconder o respectivo símbolo partidário (tipo Filipe Menezes no Porto e Moita Flores em Oeiras), andam os candidatos independentes a trabalhar arduamente para arrecadarem as assinaturas necessárias para formalizarem as suas candidaturas. É curioso ver que quem tem partido (especialmente partido no governo) tenta passar como independente, quem verdadeiramente não tem partido esfola-se para conseguir milhares de assinaturas para poder ir a votos em Setembro. Todos os cidadãos devem ter o mesmo acesso ao exercício de cargos políticos, sejam inscritos ou não em partidos. Admito até que a Constituição da República Portuguesa – goste-se ou não, é a que temos; se não gostamos dela, podemos sempre mudá-la – garanta num dos seus artigos que todos os cidadãos, independentemente da sua raça, sexo ou crença religiosa, têm os mesmo direitos políticos. Que sentido faz então que alguns cavalguem em cima de partidos (e alguns partidos são meras ficções instrumentais) para serem candidatos à gestão dos seus concelhos e freguesias, enquanto outros têm de andar pelas ruas das suas cidades e vilas a encher folhas de assinaturas para conseguirem ser admitidos como candidatos autárquicos pelos tribunais das respectivas comarcas? Mais justo e equilibrado seria reduzir ambos – candidatos partidários e independentes – ao mesmo procedimento para apresentação de candidaturas autárquicas. Talvez fosse inteligente exigir a ambos, para lá da sua proveniência, um número idêntico de assinaturas que as justificasse. Seria uma forma de equiparar todas as candidaturas admitidas ao escrutínio, mas também uma forma de tornar os processos eleitorais mais vivos, obrigando todos os candidatos a passarem algumas semanas nas ruas, em contacto com potenciais eleitores e aí recolhendo as assinaturas que os suportem. Democracia exige também que eleitos e eleitores se conheçam, falem e se olhem nos olhos.

21 de Junho de 2013

PROVÉRBIO

Quando nos anos 80 do século passado, a Europa de leste percebeu que o comunismo era mesmo uma coisa ruim, deitaram-no fora e passaram-se para o capitalismo. Agora, as pessoas do lado ocidental perceberam que o capitalismo também não funciona bem, mas ainda não encontraram nada melhor para o substituir. Quando o mundo era bipolar, o mau foi substituído pelo que parecia melhor. Mas afinal o capitalismo – o capitalismo financeiro dos grandes bancos, dos reguladores incapazes, dos esquemas e negociatas – acabou por provocar a maior crise económica do pós-guerra e as pessoas intuíram que o crédito desenfreado, que democratizava o acesso à habitação e ao consumo, afinal não era mais do que um engodo para produzir falências e desempregados. Mas, se há 30 anos era simples trocar um sistema pelo outro, mesmo aqueles que actualmente se indignam, não sabem para onde olhar quando procuram um novo modelo. Ninguém apareceu com uma nova grande ideia, que concilie a iniciativa privada com a justa distribuição de recursos e riqueza, a liberdade individual com uma sociedade solidária, o crescimento económico com a protecção ambiental. É como se esta crise tivesse mostrado a perversão do mundo, sem revelar nenhuma redenção. Mas mesmo sem soluções salvíficas evidentes, cada um pode dar o seu pequeno contributo para um mundo um pouquinho melhor. No seu bairro, na sua comunidade, na sua cidade, se cada cidadão promover ou participar numa pequena mudança de atitudes e comportamentos, fará diferença. Diz um provérbio africano: "gente simples, fazendo coisas pequenas, em lugares pouco importantes, consegue mudanças extraordinárias". Eu acho que o caminho é mesmo este.

28 de Junho de 2013

CENAS

"É minha firme convicção que a minha saída contribuirá para reforçar a sua liderança e a coesão da equipa governativa". A carta demissionária de Vítor Gaspar para Passos Coelho terminava em disparate, mas reconhecia o falhanço da austeridade e a necessidade de "uma nova fase do ajustamento: a fase do investimento!". Um dia depois, Paulo Portas abanava a coligação governamental em dessintonia com a escolha de Maria Luís Albuquerque (a continuidade de Gaspar) para o ministério das Finanças. Foi a austeridade que, depois de ter lixado os portugueses, tramou o executivo. Se a economia estivesse bem, ou fossem já nítidos os sinais da recuperação económica, nem Gaspar, nem Portas teriam saído de cena (ou feito uma cena). Esta austeridade, produto combinado de académicos irresponsáveis e dos interesses estratégicos da Alemanha, é o enorme eucalipto que está a secar e a arruinar este país. Portugal precisa de investimento, de emprego, de consumo privado, de crescimento económico para que seja um país exequível e saudável. Bem pode o executivo renascer das cinzas, que se não mudar de orientação política, acabará fatalmente no chão. Aproveitem esta oportunidade para, já que não querem ou não podem mudar de governo, mudarem de governação. Mais do mesmo, será fatal para os portugueses. Estejam os líderes políticos à altura das tremendas exigências do momento — conciliar as necessidades de financiamento externo, com a reforma do Estado (mais reengenharia de processos do que cortes cegos na despesa) e com políticas de estímulo económico. Não é fácil, nem sei se possível. Mas não o tentar, também é suicídio.

5 de Julho de 2013

JÚLIO DE MATOS

Um tipo vem de férias, chega a casa, liga a *net* para ver as últimas notícias e descobre surpreendido que: um *pitbull* que mordeu até à morte uma criança foi rebaptizado de Mandela porque "é um símbolo de liberdade, esteve preso sete meses sem saber porquê, tal como Mandela esteve preso mais de duas décadas", o tribunal da relação do Porto incentiva os trabalhadores a melhorarem a sua produtividade com a ajuda de um copinho a mais porque "com álcool, o trabalhador pode esquecer as agruras da vida e empenhar-se muito mais a lançar frigoríficos sobre camiões, e por isso, na alegria da imensa diversidade da vida, o público servido até pode achar que aquele trabalhador alegre é muito produtivo e um excelente e rápido removedor de electrodomésticos"; o candidato do PSD à câmara de Lisboa prossegue a sua campanha eleitoral, mesmo não sabendo se pode mesmo ser candidato, porque o Tribunal Constitucional ainda não se pronunciou sobre a lei de limitação de mandatos, o que só deverá suceder no final de Agosto (já depois do prazo final de entrega de candidaturas); o presidiário Isaltino Morais é candidato a presidente da Assembleia Municipal de Oeiras e ninguém sabe o que acontece se for eleito; o actual secretário de Estado do Tesouro tentou vender ao anterior primeiro-ministro uns *swaps* para maquilhar discretamente o défice orçamental e Paulo Portas é agora o primeiro-ministro em vigência, já que Passos Coelho se ausentou para férias. É como se a realidade tivesse ela própria seguido para férias, para muito, muito longe daqui, deixando-nos completamente entregues a uma onda de disparate ou realidade alternativa. Nada disto faz sentido, Portugal está verdadeiramente de pernas para o ar. E um tipo olha para o lado, vê a mala ainda por desfazer, dá uma gargalhada divertida e só lhe resta voltar à net, para comprar uma viagem aérea que o leve definitivamente daqui para fora.

2 de Agosto de 2013

TESOURINHOS

Esta semana, Lisboa descobriu – jocosa e fascinada – a profundidade da desgraça nacional, numa página do Facebook que publica os melhores *tesourinhos* desta campanha autárquica. Para além dos bigodes farfalhudos dos candidatos e dos penteados esotéricos das meninas, o país esclarecido entreviu, pela primeira vez, freguesias tão lendárias como as de Jou, Candendo, Panque, Cabeçudo ou Fiães. A generalidade dos portugueses não sabe que isto das freguesias é uma originalidade nacional, que não se repete em mais nenhum país europeu. Ou seja, um Estado com quatro níveis de poder político – nacional, regional, concelhio e local – só mesmo em Portugal. Quando se fala da necessidade de agilizar (um pequeno eufemismo para reduzir) a administração pública, tem de se olhar inevitavelmente para aqui. Talvez fosse interessante comprimir tudo isto em apenas três níveis de poder, optando por constituir grandes regiões nacionais e juntando câmaras e juntas num novo tipo de instituição, em que a qualidade dos recursos disponíveis fosse mais importante que a quantidade de balcões de atendimento espalhados por aí. Convenhamos: a actual rede rodoviária, os transportes públicos e a internet também facilitam ou evitam as deslocações físicas das pessoas para irem à câmara ou à junta tratar de um papel. Mas, e embora por exigência da *troika*, estas eleições sirvam para formalizar a fusão de milhares de juntas, era importante um debate e uma decisão sobre as estruturas políticas e democráticas (eleitas pelos cidadãos) que queremos para gerir o nosso país. Claro que, qualquer reforma que se faça, significará a redução de lugares disponíveis para o emprego do pessoal partidário. E, sendo assim, esta é mais uma reforma que, muito provavelmente, nunca será feita por iniciativa dos partidos.

6 de Setembro de 2013

VOTAR

O Relvas crucificado voltou a ser vaiado, desta vez no Rio de Janeiro, enquanto era distinguido pela Câmara de Comércio e Indústria local. O episódio não importa pela personagem, que o tempo fará o favor de devolver ao vazio de onde veio, mas pela resiliência com que os portugueses exigem agora outra ética política. Mesmo o episódio da limitação de candidaturas para dinossauros demonstrou que há muita gente com vontade de higienizar a vida autárquica. Emergiu até um apóstolo da luta pela transparência – Paulo Morais – que, através de um extenso programa de palestras locais, tem evangelizado, com algum sucesso, Portugal sobre o tema. Estarão os portugueses menos tolerantes à corrupção? Provavelmente, sim. A história recente evidencia que muitos autarcas locais e ministros da nação se aproveitaram dos seus cargos públicos para obterem ganhos privados. São alguns os casos julgados e condenados e muitas as histórias de presidentes de câmara que entraram nos seus paços do concelho sem vintém e que, poucos anos depois, exibiam listas extensas de património pessoal. Também são conhecidos os casos de ministros que posteriormente se transformaram em administradores de empresas nas áreas que anteriormente tutelavam. O sentimento de impunidade que prevalece sobre estes escândalos transformou-se numa intolerância agressiva. Mas não basta vaiar este ou aquele porque abusou do seu estatuto. Os portugueses têm de utilizar o voto para punirem quem rouba e para premiarem quem está na política apenas em serviço público. Ficar em casa no dia das eleições, porque já nada vale a pena, é música para os ouvidos de quem continua a fazer política para ganhar dinheiro. A abstenção não é uma estatística indiferente das noites eleitorais. É a conivência passiva com quem nos anda a tramar a vida.

13 de Setembro de 2013

DITADURA DEMOCRÁTICA

Então ficou mais claro que a seguir a este governo há-de vir um do PS. É até possível prognosticar que, a seguir à próxima governação do PS, há-de vir uma outra do PSD. E como foi nos últimos 40 anos, os próximos séculos servirão para uma interpolação infinita de governos ora de um, ora do outro partido. Ou talvez não...Vivemos numa ditadura democrática. Ditadura porque o poder político está nas mãos de corporações fechadas, os dois partidos grandes do sistema, que tudo fazem e farão para o manter nas suas mãos. Democrática porque as eleições se decidem entre um e o outro, num processo vagamente participado pelos cidadãos. Mas uma ditadura, mesmo que democrática, não deixa de ser uma ditadura e ainda por cima é mais pérfida - porque se faz passar por uma democracia para se manter ditadura. E a verdadeira ditadura nem é a dos partidos, é a dos interesses económicos que capturaram os seus dirigentes. Todos os dias confirmamos que o Estado fez e perpetua grandes negócios que beneficiam os grupos económicos e não os cidadãos. Todos os dias sabemos que há legislação que protege as benesses desproporcionadas (pagas pelo Estado) dos dirigentes partidários. Todos os dias intuímos que há entendimentos entre os partidos, feitos para se auto-perpetuarem e reduzirem os cidadãos ao alheamento e à descrença. Se há coisas que, visivelmente, têm aumentado são a abstenção e os votos brancos e nulos. Quando as pessoas não votam ou rejeitam todos os partidos que se apresentam às eleições, estão-se a marimbar para a ditadura democrática e para os peões que a compõem. A história ensina que, de tempos a tempos, a vida se torna imprevisível. Não será possível que todo o futuro venha a ser ocupado por estes governos alternados. Terá de haver uma outra coisa, pelas décadas que temos pela frente.

4 de Outubro de 2013

SEM VERGONHA

O insuspeito Crédit Suisse anunciou que cada adulto sobre o planeta Terra tem, em média, 51.600 dólares em riqueza. Mas a repartição de todo este património é desigual: os 10% mais afortunados concentram 86% do seu valor. É um paradoxo: embora a riqueza mundial tenha crescido 68% nos últimos dez anos, a sua distribuição é cada vez mais enviesada – o número dos mais ricos e dos mais pobres não pára de crescer. Daqui é um passo até aos condomínios fechados, aos guetos e às tragédias ao largo da ilha de Lampedusa. O mundo organiza-se como se fosse um jardim zoológico de milionários auto-protegidos, rodeado por multidões à procura da sua oportunidade (e da sua dignidade). Mas, da mesma forma que não devem ser os ricos a subsidiar os pobres, também não podem ser os pobres a subsidiar os ricos. Quando este governo anuncia o corte das pensões de sobrevivência a partir do "milionário" patamar de 629 euros brutos por mês, não viola apenas o contrato social que o Estado estabeleceu com esses pensionistas. Está a contribuir, consciente e propositadamente, para criar mais pobres e trazer exclusão àqueles que menos merecem (pela fragilização que a idade já acarreta) e que não deviam ser perturbados pelas necessidades financeiras de um Estado mal gerido. Cortar as pensões de sobrevivência vale 100 milhões de euros ao Orçamento do Estado. Montante igual seria facilmente alcançável com uma subida no escalão mais elevado do IRS ou a abolição completa das subvenções vitalícias dos antigos políticos. A vantagem disto é que provocaria muito menos sofrimento humano e seria no sentido certo: o da convergência entre quem tem e quem precisa.

11 de Outubro de 2013

ESCOLAS

No futuro, as crianças serão os donos das escolas. Os miúdos serão treinados, desde pequenos, nos *skills* do empreendedorismo, gerindo os seus próprios negócios de ensino, contratando e despedindo professores, escolhendo as matérias curriculares que mais lhes convierem e dando azo a tudo o que a sua imaginação lhes sugerir. O financiamento deste sistema assentará numa espécie de bolsa-capital, que cada bebé receberá de uma entidade financeira. Com essa alcavala, as crianças poderão investir nas acções da sua própria escola, participando nas respectivas decisões de gestão empresarial e pedagógica e, quem sabe, um dia devolverem aos bancos o capital de que necessitaram para serem alunos-proprietários. Claro que alguns destes colégios do futuro irão à falência, impossibilitando as crianças de devolverem os empréstimos contraídos para serem donos das escolas. Mas neste caso, que acima de tudo servirá para distinguir as crianças com jeito para o negócio daquelas que não servem para nada, os miúdos pagarão as suas dívidas entregando as suas vidas às instituições financeiras. Tal como acontecia aos servos da gleba na Idade Média, o que de resto foi um notório progresso sobre o anterior modelo esclavagista. Infelizmente, o nosso governo não vê longe. A reforma do Estado do ministro Portas propõe apenas que os professores comprem as escolas e se dediquem à sua gestão. É interessante, de facto, que o executivo lute para extinguir as escolas públicas, que como se sabe são um veículo inconveniente para o desenvolvimento social, cultural e económico das sociedades. Mas a privatização das escolas pelos docentes é uma reforma ainda tímida, porque os professores nasceram para ensinar e não propriamente para gerir as escolas onde leccionam. Um dia a história demonstrará que cabe aos próprios alunos a gestão mais eficiente e modernizante das escolas, retirando aos professores essa veleidade parva de julgarem que devem ser bons é a dar aulas. Até lá, esqueçam fazer uma reforma do Estado apostando num modelo de ensino como um espaço de coesão e crescimento do país e não como um negócio como qualquer outro. Tenho dito.

1 de Novembro de 2013

O MARCO

O Marco tem 16 anos, frequenta o oitavo ano de escolaridade e é analfabeto. Nos últimos dias circulou, pelas redes sociais, um trecho de um programa televisivo em que é exposto o caso deste rapaz, que impressiona pela forma displicente com que o jovem assume a sua incapacidade de escrever ou ler mais alguma coisa, para além do próprio nome, ao mesmo tempo que divaga sobre a sua eventual data de nascimento. Por outro lado, aparece na mesma peça jornalística uma directora escolar que, num estilo inapropriado de déspota iluminada, vem explicar que o facto de o rapaz estar no oitavo ano sem dar uma para a caixa não é ainda prova suficiente de que este sistema de ensino não funciona. Se não viram, procurem no YouTube "estado da educação" que chegam lá. É chocante constatarmos que os impostos que pagamos são desperdiçados numa escola em que os alunos progridem na forma (passam de ano), mas não em conteúdo (o que aprendem). Portugal é um país cada vez mais pobre, em que os poucos recursos que restam têm de ser empregues para produzir resultados pelo menos satisfatórios. Se é esta a formação que a escola garante aos mais novos, ficamos elucidados sobre o nosso futuro. A escola pública é o mais poderoso instrumento para darmos o salto qualitativo obrigatório para sairmos definitivamente do ciclo de miséria económica, social e moral em que nos deixámos cair. Enquanto não soubermos fazer uma escola pública que sirva para formar cidadãos que saibam ler, escrever, fazer contas, pensar pela sua cabeça e viver e construir em comunidade, seremos irremediavelmente uma terra de Marcos. E afinal, a quem é que isso pode interessar?

8 de Novembro de 2013

OS MERCADOS

Declaração de interesses: nada tenho contra os ricos, eu próprio gostava de ser milionário e trabalho todos os dias com esse objectivo. Mas a informação de que a fortuna do senhor Américo Amorim duplicou "em apenas um ano, com a subida em flecha do preço das acções que detém na Galp Energia, no Banco Popular e na Corticeira Amorim" faz-me invocar outras tantas notícias, que dão conta que, no mesmo período de tempo, aumentaram o número dos sem-abrigo, foram cortadas as pensões e os salários de milhões de portugueses e que as desigualdades económicas e sociais se extremaram em Portugal. Ora, se a fortuna de alguns aumenta pelo efeito benéfico dos mercados financeiros, que sentido faz que a desgraça de muitos outros aumente também pela acção dos mesmos mercados (que exigem cortes e sacrifícios para continuarem a financiar o Estado)? Que forças permitem que as mesmas bolsas sirvam para enriquecer alguns, enquanto prejudicam a vida de tantos? E como conseguir estar no lado certo dos mercados: aquele que enriquece e não aquele que destrói as nossas vidas? Se os mercados financeiros têm de existir (dizem que servem para distribuir de forma eficiente os recursos entre quem poupa e quem precisa de capital), não o poderão fazer de forma equilibrada, evitando a consequência perversa de estarem a construir um mundo preenchido apenas por milionários e pobres? Estamos no século XXI, mas não muito diferentes das sociedades esclavagistas de há uns milénios, quando uma corte de poderosos era servida por uma legião de escravos, que apenas podiam optar entre a servidão e a indigência. Está na hora de pensarmos nisto.

29 de Novembro de 2013

O GRANDE SALTO PARA TRÁS

No final da década de 1960, o glorioso Mao Tsé-Tung lançou o Grande Salto em Frente com o objectivo de transformar a China numa nação próspera e desenvolvida. Além de aumentar as produções agrícola e industrial do seu país, a iniciativa provocou 20 milhões de mortos (decorrentes da fome). Quando o governo português anuncia que Portugal já passou o pior e que temos agora uma economia resplandecente, cheia de empresas prósperas e competitivas, recorda o dislate com que o líder chinês conduzia o seu povo: óptima propaganda e resultados catastróficos. De facto, a economia portuguesa está um bocadinho melhor: mais exportadora e um pouco menos endividada. Mas a que custo? Centenas de milhares de desempregados, a destruição da classe média, um terramoto demográfico (com consequências aterradoras para o futuro do país e para o nosso sistema de segurança social). Passos Coelho não é um Mao Tsé-Tung. Rapidamente será apeado do poder e, na História, ficará anotado como um desastre e não como estadista. Arrepia, no entanto, que em tão pouco tempo tenha inviabilizado uma geração inteira. O problema da estratégia do bom aluno é que, quando os professores são maus, isso não serve para nada. Portugal precisava de uma cura financeira, reduzindo despesa pública e défice externo. Mas para o fazer bem, era preciso fazê-lo com e não contra os portugueses. A presença da *troika* em Portugal, agenciada por um governo demasiado preocupado em lhe agradar, é um acto de ocupação estrangeira. Do ponto de vista económico, mas também político. Não foi por acaso que a *troika* mandou acabar com o feriado do primeiro de Dezembro. Para vergar um povo, também é preciso eliminar os seus símbolos. Mao Tsé-Tung não teria feito diferente.

6 de Dezembro de 2013

PANTEÃO

Há uma igreja que demorou 284 anos a construir – daí a expressão obras de Santa Engrácia – e que desde 1916 serve como Panteão Nacional. Acolhe os túmulos e os cenotáfios (memoriais fúnebres sem os restos mortais) dos vultos maiores da história portuguesa: antigos presidentes da República, escritores, descobridores e personagens militares. Adicionalmente, duas figuras do século XX, Humberto Delgado e Amália Rodrigues. Esta semana, o país chorou a morte de Eusébio e os nossos parlamentares garantirem-lhe um lugar instantâneo neste Panteão. Convém lembrar que a palavra panteão significa o conjunto de deuses de uma determinada religião. O panteão de um povo celebra, assim, uma espécie de Olimpo cívico. A questão que se levanta não é sobre a inclusão de Eusébio neste lote de consagrados, mas sobre a exclusão de outros nomes de primeira linha. Porque é que Egas Moniz e José Saramago, os dois únicos prémios Nobel, estão fora? E porque é que Aristides de Sousa Mendes, expoente da humanidade e da abnegação pessoal, não entra? Quais os critérios que os deputados da República utilizam para consagrar uns e esquecer outros? Com que autoridade pode este regime parlamentar (que foi à bancarrota três vezes em 40 anos) utilizar-se da igreja de Santa Engrácia para decidir o que é (ou não) elevado à condição de super-herói da nação? Há aí agora uns filmes, os "Jogos da Fome", em que um Estado ficcionado sorteia anualmente uma dúzia de jovens, para se degladiarem entre si até à morte. O Estado português, mais benigno, vai brevemente começar a sortear não a morte, mas um automóvel entre os contribuintes mais diligentes. Porque não estender esta originalidade e sortear, uma vez por ano, a entrada no Panteão Nacional a um ilustre desconhecido (desde que cumpra todas as suas obrigações fiscais)? Assim como assim, sempre era um critério mais coerente e perceptível do que a demagogia barata que produz esta sacralização dos "melhores portugueses".

10 de Janeiro de 2014

A RIFA DOS LEITÕES

Um grupo de militantes do CDS foi jantar a um popular restaurante da Mealhada e, em vez de 15, pagou 19 refeições. O proprietário justificou: se vocês são de um dos partidos do governo, e se o governo rouba a gente, então a gente rouba-vos a vocês. A justiça tarda, mas não falha. O pitoresco episódio mostra como os militantes do CDS andam distraídos, porque só descobriram a patifaria depois de pagarem a conta. E nem sequer parecem mobilizados para a mais recente inovação introduzida pelo secretário de Estado dos Assuntos Fiscais – ele próprio um dirigente do CDS. As facturas servem agora para rifar automóveis, com que o fisco vai premiar os consumidores mais diligentes a pedi-las. Se os elementos do CDS, mobilizados pelo congresso de onde vinham, estivessem solidários com o governo, teriam pedido a partição daquela factura em tantas como o número de comensais. Quer dizer, se em vez de uma única factura para cobrar a totalidade dos jantares, tivessem pedido 15 (uma por cada cabeça), não só teriam tido oportunidade de evitar o golpe baixo de que foram vítimas, como teriam multiplicado por 15 a probabilidade de ganharem o automóvel do fisco. É preciso ver se a moda pega: imaginem o que é, na caixa do Pingo Doce, pedir uma factura por cada produto, em vez de ficar satisfeito com uma única factura pela totalidade dos produtos adquiridos. E há ainda um nível superior de sofisticação, que é ter o cuidado de pagar uma laranja de cada vez (exigindo sempre a respectiva factura!), ao invés de pagar o quilo na totalidade (apenas uma oportunidade de ir a jogo). Portugal é um país bipolar, sempre capaz do melhor, mas também do pior. Com tanta gente viciada em raspadinhas e euromilhões, a rifa fiscal é só mais uma loucura.

17 de Janeiro de 2014

REFERENDO

Em 1933, a ditadura salazarista decidiu legitimar-se com um referendo à Constituição do Estado Novo. Para evitar qualquer sobressalto, a abstenção contou como "sim" e o resultado foi consequente e esmagadoramente favorável ao regime fascista. Oitenta anos depois, ainda há crianças a brincar aos referendos. A igualdade humana não se referenda: somos todos iguais - em direitos e deveres - malgrado berço, cor, raça, credo, género ou gostos sexuais. E a democracia não é o domínio das minorias pela maioria (nem o seu inverso, o domínio da maioria por uma minoria). Uma democracia é um processo permanente de inter-acção entre vários grupos sociais, económicos, culturais, religiosos, na procura de soluções colectivas para os problemas da comunidade. Para isso temos assembleias onde os representantes do povo dialogam e acordam leis que visam satisfazer os interesses dos vários grupos de votantes. Imaginemos uma democracia em que, a todo o momento, se referendassem as decisões de governo (uma coisa até simples de fazer, com recurso a permanentes referendos *online*). O resultado seria o imediato sobrepor-se ao futuro, a excitação momentânea ter mais peso que a decisão estruturada, o interesse fugaz subjugar o governo ponderado. Ora quando os jovens do PSD tiram da cartola esta ideia estapafúrdia de referendar direitos diferentes para pais e mães do mesmo sexo, querem apenas deitar-nos areia para os olhos. Não só este referendo é evidentemente inconstitucional, como vem para nos distrair dos temas realmente importantes. Afinal haveria qualquer coisa de extraordinário num regime que não referenda a partilha da sua soberania numa união de Estados, que não referenda a moeda única, que não referenda uma intervenção externa que lhe limita a soberania nacional, mas depois se diz incapaz de decidir uma matéria tão trivial como a da co-adopção por casais do mesmo sexo.

24 de Janeiro de 2014

QUE MIRÓS

Oito dezenas de obras do escultor e pintor surrealista Joan Miró vieram parar às mãos do extinto BPN (vá se lá saber como). Depois de anunciada a sua venda num leilão da Christie's (para amortizar parte do esforço que os portugueses fizeram naquele saque), cinco deputados do PS interpuseram uma providência cautelar para impedir a sua alienação. Um tribunal considerou que, embora a saída das obras tenha sido ilegal, se podia avançar com o dito leilão. A leiloeira acabou por as retirar de venda, ironizando com o surrealismo nacional...Embora Miró seja um artista da Catalunha (e não um nome das artes&letras portuguesas), parece-me muito bem que este acervo das suas obras fique em Portugal. Muito certamente, viriam paletes de turistas de todo o mundo para as admirar, enchendo as salas de um espaço dedicado à arte contemporânea. Mas desafio os defensores da cultura e do investimento em infraestruturas deste tipo, a fazerem-no, não com dinheiro público (que é escasso e deve ser investido em funções mais importantes), mas sim com dinheiro privado. Porque é que aqueles que querem que os Miró fiquem em Portugal, não se juntam para constituir uma fundação filantrópica e dão cada um deles 500 euros, para comprar os quadros e os expor num museu? Como é infeliz a pretensão de que é preciso salvar os Mirós, mas com o dinheiro dos outros. Com o dinheiro dos contribuintes, é sempre fácil fazer exigências e propor coisas fabulosas. Mas quando toca ao nosso dinheiro, ao nosso tempo e à nossa capacidade de iniciativa, é bem elucidativo ver que nenhum destes defensores da *cultura* deu um passo em frente e se atravessou com uma solução que envolvesse o seu esforço pessoal. Que mirós.

7 de Fevereiro de 2014

VIDA

Em Novembro de 2013, a taxa de desemprego da Grécia atingiu um máximo histórico de 28%. Quer dizer, em cada três gregos há um sem trabalho. Claro que nenhum país consegue sobreviver nestes condições, sem enormes convulsões sociais e políticas. Talvez intuindo as proporções do desastre que provocou, a Comissão Europeia abdicou finalmente do *austericídio*. O comissário dos transportes disse, numa entrevista recente que passou despercebida, que a União Europeia investirá em novos pacotes de obras públicas, para estimular precisamente a economia grega, mas também a portuguesa. Quase ao mesmo tempo, o nosso secretário de Estado dos transportes também anunciou 30 novas obras públicas até 2020, num investimento que rondará os cinco mil milhões de euros. Recordemos que esta crise começou exactamente no final da última década, com a paragem intempestiva de uma série de obras públicas de grande dimensão que, repentinamente, perderam o financiamento necessário para a sua prossecução. Claro que isto acabou por gerar um surto de falências entre as empresas do sector e contribuiu para o agravamento do desemprego (especialmente sensível ao efeito arrastão das obras públicas). Quatro anos e muitas desgraças depois, voltamos ao mesmo. As economias são cíclicas e oscilam entre picos depressivos e eufóricos. A história, que reconta as coisas incorporando acontecimentos sempre enquadrados pelo contexto económico, é portanto também cíclica. Serve isto tudo para dizer que depois da tempestade, vem sempre a bonança. Este ano de 2014 será um ano muito mais promissor do que o ano transacto e os anos que aí vêm serão muito melhores do que os últimos. Não é uma questão de fé ou de esperança, é apenas uma leitura da vida como ela é. Pena é que, entre o pico negativo e o próximo topo positivo, se tenham averbadas tantas vítimas humanas, entre desempregados, emigrantes, gente que caiu nas ruas, um brutal retrocesso nas desigualdades entre os mais ricos e os mais pobres. Mas lamentar, não repara os estragos. Melhor é aprender com os erros e seguir em frente. A vida traz.

14 de Fevereiro de 2014

CONVERSA FIADA

Parece que Cruella de Vil é candidata às próximas eleições europeias e, à falta de melhores argumentos, faz-se acompanhar dos seus 101 dálmatas para mobilizar a direita. Do outro lado, Francisco Assis assume-se como candidato "evidentemente do bloco central" e vem para defender o legado de José Sócrates. É fácil antever que, nas próximas eleições, o voto conjunto nas listas do PSD e do PS será, desde o 25 de Abril, o mais baixo de sempre. Por efeito da abstenção e do justo desgaste do eleitorado com o vira-o-disco-e-toca-o-mesmo destes Dupont e Dupond. Anunciam-se semanas de intensa verborreia propagandística, ao invés de uma discussão séria de questões como "para que serve a Europa?" ou "que organização política queremos para a construção europeia?". Até sobre a saída da troika, PSD e PS se digladiam apenas na forma – limpa ou suja – como o país se livrará destes filantropos. A fórmula sem nódoas implica que fiquemos entregues aos mercados financeiros, por nosso conta e risco. A fórmula menos asseada implica um programa adicional de suporte, para que quando nos virmos à rasca possamos pedir ajuda imediata aos nossos parceiros europeus. Mas isto é apenas uma guerra retórica para inglês ver. Reconheçam que as finanças públicas continuam falidas. Orçamento após Orçamento, défice após défice, a dívida pública continua a crescer. Como é que um país cada vez mais endividado (já mais do dobro dos recomendados 60% do PIB) tem futuro? Enquanto não se gerarem saldos orçamentais positivos, que terminem com esta espiral de endividamento, teremos mais e mais juros e capital para pagar. O que PSD e PS devem discutir não é como nos livraremos desta assistência financeira internacional, mas que modelo económico propõem, para que não seja necessária nova troika daqui a quatro ou cinco anos. Nesta questão, os discursos do PSD e do PS em nada divergem – são de um absoluto silêncio.

7 de Março de 2014

DO IMPOSSÍVEL

Tão certo quanto a morte, a dívida pública portuguesa é impagável. Até o insuspeito Carlos Moedas (o secretário de Estado para a subserviência internacional) o escreveu em 2010: «se Portugal quisesse voltar aos níveis de dívida pública de 2007 teria que apresentar um superávite primário das contas públicas (antes de juros) de 6% ao ano durante cinco anos ou de 3% ao ano durante 10 anos. Alguém acredita que estes cenários são possíveis no curto ou mesmo no médio prazo? Eu tenho muitas dúvidas e por isso só nos resta o possível caminho da reestruturação da dívida». Não tendo sido, entretanto, encontrado petróleo no Beato, imagino que Moedas não terá razões para mudar de opinião (até porque, desde 2010, a dívida pública cresceu aterradoramente). Desconfio até que, na sua intimidade, o próprio primeiro-ministro tenha a mesma convicção. O que importa a Pedro Passos Coelho não é tanto a dívida pública portuguesa – a sua prioridade é livrar-se da *troika* a 17 de Maio e fazer-se resplandecer como o primeiro-ministro que trouxe a estabilidade financeira de volta ao país. E é, por isso, que precisa de manter, durante mais umas semanas, a ficção de que estamos dispostos a aceitar tudo e mais um par de botas, para devolver honradamente aos credores todo o seu dinheiro. Mesmo quando, esta semana, umas dezenas de luminárias (num comovente apelo que reuniu gente tão distinta como Ferreira Leite, Silva Pinto, Francisco Louçã e Bagão Félix) publicaram um manifesto pedindo a reestruturação da dívida, o que enervou especialmente o primeiro-ministro foi o *timing* escolhido para o fazerem. É que faltam apenas 60 singelos dias para a saída da *troika* e qualquer perturbação na ordem estabelecida poderá prejudicar a encenação política que se prepara (não esquecer que as eleições europeias são apenas uma semana depois de 17 de Maio). Mas tirando o folclore necessário para angariar votos e fingir que se respeitam os mercados financeiros (repararam que este manifesto dos 70 não os perturbou minimamente?), toda a gente sabe que esta dívida pública não só é impagável, como nunca será paga. Porque isso é, simplesmente, impossível.

14 de Março de 2014

BUSINESS

A dívida que nos atormenta não nasceu no além. É um negócio, explorado afincadamente por banqueiros estrangeiros, aliados a empresários locais, que oferecem a governos de países permeáveis a possibilidade de contraírem, com facilidade, empréstimos avultados. Estes financiamentos servem para fazer infra-estruturas vistosas, mas talvez desnecessárias. Há, em Portugal, um complexo financeiro-construtor que coliga os interesses desses banqueiros com grupos de obras públicas, para financiar e construir mais, mais e mais...A pressão deste *complexo* sobre os governos, feita através de políticos mais interessados em dinheiro do que em servir a causa pública, fez disparar a dívida pública. Quem não conhece ministros que se transformaram em administradores de grupos bancários e de obras públicas e que saltitam entre as suas facetas de dirigentes partidários e homens de negócios? São as marionetas de quem verdadeiramente controla o poder político – essa aliança entre banqueiros e construtores. Claro que, quando os níveis de endividamento se tornaram tão saturados que assustaram mesmo os grandes credores e os organismos internacionais, esses negócios ficaram congelados. Mas quem está a pagar o desvario são os portugueses e não os bancos e as construtoras. Enquanto os primeiros foram mesmo ajudados pelo Estado (que salvou o BPN e injectou capital noutros bancos), as segundas mantêm as receitas garantidas das PPP. E, quando se discute a reestruturação da dívida pública, não estão em causa apenas argumentos técnicos. São também interesses empresariais – os bancos, que lucram com maturidades mais curtas e juros mais elevados, incitam os políticos que controlam (que empregam nas suas administrações e como advogados) a inventarem argumentos para proteger os negócios de que vivem. Como os partidos estão contaminados por políticos moralmente corruptos, este *complexo* está continuamente a tentar vender dívida e projectos "estruturantes" aos portugueses. Logo que se diluam os constrangimentos actuais sobre o endividamento público, saltarão novamente da cartola ideias perigosas, como um novo mega-aeroporto de Lisboa, um TGV modernizante e um sem-número de disparates que, basicamente, servirão os lucros dessa gente. E quem nos defende disto?

21 de Março de 2014